LES
IDÉES LIBÉRALES
EXPLIQUÉES.

Par Mr V. DE MATTY, CHEVALIER DE L'ORDRE ROYAL ET MILITAIRE DE SAINT-LOUIS.

MARSEILLE,

CHEZ DUBIÉ, Imprimeur – Libraire, rue de la Loge, N.° 15, près l'Hôtel-de-Ville.

Octobre 1818.

Les cinq Exemplaires ont été remis, confor-
mément à la loi, à la Préfecture des
Bouches - du - Rhône.

LES IDÉES LIBÉRALES

EXPLIQUÉES.

FRANÇAIS ! soyez assez sages pour mettre à profit les cruelles épreuves que vous avez faites, et sachez désormais vous garantir de nouvelles catastrophes qu'entraîneraient de nouveaux troubles. Ce n'est point la haine des pauvres contre les riches que je viens exciter et sonner le tocsin de l'anarchie. Cette opinion n'a rien qui ressemble à ma pensée. L'on doit, au contraire, regarder mes pronostics comme des avis salutaires.

Que les riches de la révolution ne se le dissimulent pas, le peuple a ouvert les yeux ; il reconnaît qu'il a été victime de la cupidité des uns et de l'ambition des autres. Mais ceux-ci ont tous les moyens de prévenir tous les désastres qui leur arriveraient en foule, et tous ces moyens se réduisent à un seul point : LA LÉGITIMITÉ , L'AMOUR DE LA LÉGITIMITÉ. Le jour où il serait porté atteinte à ce principe sacré serait, pour eux, une nuit éternelle qu'auraient précédé les fureurs d'un peuple trop long-tems abusé , et qui assouvirait son ressentiment. Que les factieux qui préméditent des soulevemens se dissuadent qu'ils remettraient le peuple sous le joug , après s'être servi de lui. Ce peuple , dans l'hypothèse qu'un soulevement serait possible. se rappelerait de l'ingratitude et de la perfidie des Cambacérés , des Merlin , des Thibaudeau. Aussitôt les assemblées populaires , les clubs se formeraient , et le cri de vengeance serait à l'ordre du jour. Vainement les idées libérales , voudraient appeler de ce cri , elles ne seraient pas écoutées. Le peuple s'est convaincu, par une trop funeste expérience , qu'il n'a pas de plus cruel ennemi que les apôtres des idées libérales ; il s'est convaincu que ces apôtres n'ont prêché la liberté , l'égalité , les droits de l'homme que pour le tromper et l'égarer afin de bouleverser l'ordre social , et profiter, de la confusion et du désordre , pour dilapider la fortune publique et voler jusqu'au patrimoine des pauvres, en dépouillant les hospices de leurs biens; et ces biens qui étaient la seule ressource du malheur dans les maladies, dans les infirmités, dans la vieillesse sont devenus la pâture des frippons et de l'impudicité; ce peuple s'est convaincu que ces apôtres ne prêchaient contre les abus du gouvernement de l'infortuné LOUIS XVI, que pour élever leur puissance sur les débris de son trône, et se livrer impunément à toute la licence de leur immoralité qui enfanta, non pas des abus, mais des crimes dont le souvenir fait frémir d'horreur; il s'est convaincu qu'ils ne proclamèrent GUERRE AUX CHATEAUX, MORT AUX TYRANS, que pour faire, des châteaux, leurs propriétés et devenir eux - mêmes de tyrans impitoyables; il s'est convaincu que la disette dont il s'est vu accablé, a été uniquement un complot des idées libérales coalisées avec les assassins de l'infortuné ROI. La rage est dans le cœur de ces régicides, et, dût périr la France entière, ils s'agiteront sans cesse pour y porter l'incendie. N'a - t - on pas vu leurs satellites vouloir persuader que les accaparemens qui nous ont montré la famine de si près, étaient le fait de nos princes qui s'épuisent en bienfaits , et comme ces bruits absurdes n'ont pas fait fortune , ils ont cru mieux réussir en accusant tour - à - tour l'Angleterre de l'enlévement des blés. Ces mensonges grossiers n'ont point trompé le peuple et il a reconnu les véritables auteurs de ses maux. Y a-t-il rien de plus barbare que de former des spéculations sur les premiers besoins des pauvres. Si ces manœuvres odieuses venaient à se renouveller , serait-il facile de contenir la fureur des peuples. Les accapareurs doivent - ils se dissimuler qu'ils seraient traqués comme des bêtes féroces. Les loix , sans doute, ne donnent à personne le droit de se faire justice ; mais comment inspirer de la modération à un malheureux père qui voit ses enfans mourir de faim , parce que des hommes atroces auront calculé pour lui ravir les moyens de les faire subsister.

Lâches satellites des scélérats déportés ; dissuadez - vous de soulever le peuple en le réduisant par la famine au désespoir, et qu'avec lui vous consommerez les forfaits que vous méditez? S'il se soulevait, ce serait pour défendre son Roi et ses Princes qui sont pour lui de bons pères , lorsque vous n'êtes que ses bourreaux : s'il se soulevait, ce serait pour vous écraser, et, jusques sur le sein de leurs mères, vos enfans seraient exterminés, afin que votre race odieuse disparaisse de la surface de la terre. Ces brigands ne peuvent endurer l'autorité légitime, parce qu'elle est un frein à leurs débordemens, à leurs projets de vol et de rapine. Ils ont trop abusé de notre patience, elle est épuisée ; le peuple n'est plus la dupe de leurs manœuvres, depuis long - tems ils sont signalés dans son opinion comme les fléaux de la société, comme les auteurs de tous ses maux.

Les Souverains ont cru vaincre leur ennemi en renversant le tyran qui repandait la terreur dans l'univers ; mais ils n'ont pas renversé cette philosophie moderne dont il ne fut que l'instrument et qui veille sans cesse pour le détruire. Souverains ! il est inutile de vous le dissimuler, vos états sont infectés de ses principes; dans toutes les classes elle a ses adeptes, ses collaborateurs. C'est un feu que vous avez laissé trop enflammer pour parvenir à l'éteindre; mais de sages mesures peuvent le comprimer. Repassez ces pages de notre affreuse révolution? C'est un appel à tous les peuples de vous égorger. N'allez pas si loin, et méditez le mémoire de Carnot, la proclamation de Murat aux italiens , les discours des journalistes pendant la fatale apparition du fléau qui vous a attirés une seconde fois sur le territoire français , tant d'ouvrages du jour , et voyez s'il vous convient désormais de vous désunir, quand il s'agit de vous concerter pour arracher à vos assassins le fer qu'ils agitent pour vous poignarder ? Songez que cette philosophie , votre ennemie implacable , avide d'armer l'opinion contre vous , épie vos démarches , vos actions , jusqu'à vos moindres discours, et ses fourneaux sont , nuit et jour, enflammés pour tirer à boulets rouges sur la légitimité des trônes.

Qui dira la vérité aux Souverains si ce n'est leurs amis ? Qui les préviendra si ce n'est encore leurs amis ? Les déportés qu'ils ont accueillis, sont autant de serpens qui ne cherchent qu'à leur déchirer le sein. Ils sont plus forts en combinaisons ; ils ne les attaqueront jamais ouvertement , parce que la perfidie et la lâcheté sont leur caractère. Ils leur prodigueront , au contraire , tous les signes d'un dévouement sans bornes, afin de leur porter des coups plus sûrs. Souverains ! n'oubliez jamais qu'ils ont juré la mort de tous les tyrans de l'Univers : n'oubliez jamais cet appel à vos peuples de se soulever contre votre autorité. Craignez leur hypocrisie autant que leurs poignards. Craignez surtout qu'ils ne parviennent à vous entourer de leurs satellites. Sous les dehors du bien public, ils vous entraîneraient, aujourd'hui dans une inconséquence, demain dans une autre, pour vous faire perdre l'amour et le respect de vos peuples et vous faire monter sur l'échafaud. O combien il vous importe de savoir discerner tout ce qui vous approche ! Ne vous prévenez ni en bien ni en mal. Écoutez l'opinion publique sur le compte des dépositaires de votre autorité ; mais l'opinion du public honnête, de ce public que les idées libérales n'ont point corrompu ou qui en a reconnu les dangers. Que votre attention se porte particulièrement sur les publicistes ; leur funeste profession est l'arme la plus puissante de vos bourreaux, ils en sont tellement pénétrés, qu'ils ne prennent pas la précaution de se déguiser. Tel publiciste, comme la peste qui détruit l'espèce humaine, détruit l'esprit public. Avec quel enthousiasme ils nous ont appris la révolte de Fernambouc ! Avec quelle chaleur ils en ont raconté les moindres détails ! Quel présage de bonheur n'en ont-ils pas conçu ! Des brigands rejetés de l'Europe sont allés infester le Brésil et le Mexique, et ces brigands ont été préconisés comme les régénérateurs du genre humain, au lieu de déplorer le sort de ces malheureuses contrées où la désolation est à son comble. Pour avoir tant d'affection pour de tels héros, il faut, dans les principes, une grande conformité ; il faut être capables de toutes leurs actions. Dira-t-on que justice a été faite de ces journalistes ? Quelle justice grand Dieu ! ils ont changé de manteau, et le poignard est toujours caché dessous. On les a vus, en rendant compte des mouvemens de Breslau, nommer un peuple ameuté, un parti de mécontens : on les a vu, en faisant connaître le jugement militaire qui condamnait à la peine de mort deux scélérats qui en voulaient aux jours du Roi et de nos Princes, n'occuper le public que de leurs derniers momens et de leur fermeté héroïque. Ces nuances ne se sont pas apperçues dans tous les journaux ; elles ont eu pour but de faire admirer la mort de deux scélérats, dont il n'aurait dû être parlé qu'avec exécration, et provoquer l'audace des principes régicides.

Quand on rapproche l'insurrection de Fernambouc ; ce qui se passe aux Mexique ; la conspiration de Lisbonne ; celle de Lascy en Espagne ; les mouvemens tumultueux qui se sont passés en Angleterre et qui l'agitent encore ; les accaparemens des denrées en France ; les soulevemens qui ont eu lieu sur divers points à la fois ; les bruits qui circulaient partout et qu'on ne cesse de répandre ; les jactances des français réfugiés à l'étranger ; la nécessité de les renvoyer des Pays - Bas et de la Suisse ; les mesures prises en Hollande contre les abus de la presse , peut-on méconnaître un moteur infatigable qui ne tend qu'à renverser les empires pour leur substituer le régime des idées libérales. Aussitôt qu'elles se sont vues comprimées en Europe, elles ont pris leur essort vers l'Amérique, où elles ont déployé le caractère le plus alarmant pour les Souverains. Pour se figurer le résultat dont ces principes destructeurs les menacent, représentons - nous l'insurrection de Fernambouc victorieuse, le Brésil eut été subjugué par les factieux, trop heureux si le Roi et sa Cour eussent trouvé des vaisseaux pour échapper à la mort. Cet événement aurait donné de l'énergie aux révoltés du Mexique , et l'Espagne ne pouvant résister à leurs efforts, aurait fini par renoncer à ses colonies. De proche en proche, d'île en île, les idées libérales eussent été triomphantes, et toute l'Amérique, en moins de trois ans, aurait été indépendante. Elle se fut formée en république fédérative qu'il aurait été impossible de subjuguer. (1)

---

(1) Lorsque j'annonçais tous ces événemens, je ne les croyais pas si prochains ; leur rapidité a passé mes conjectures. Je ne prévoyais pas que les États - Unis de l'Amérique seraient les premiers à re-connaître, comme autorité légitime, des brigands que l'Europe a vomi dans le Mexique. Souverains ! vous êtes plus en danger que lorsque Bonaparte était maître de l'Italie, qu'il envahissait l'Espa-gne, faisait trembler le Portugal, asservissait la Suisse, les Pays-Bas, l'Allemagne et incendiait Moskou. Les moyens de salut sont dans vos mains ; mais ne retardez pas de les employer. Souffrez que celui qui voudrait sacrifier mille vies pour vous garantir des périls qui vous menacent, vous présente ses réflexions.

Les États-Unis n'ont point reconnu l'indépendance des révoltés du Mexique, sans avoir formé un pacte d'union. Or, il vous im-porte de faire expliquer le gouvernement des États - Unis sur ce pacte ; mais ne perdez point de tems en dissertations, et par cette perte de tems, ne donnez point aux révoltés le moyen d'affermir leur gouvernement ; mettez en mer autant de vaisseaux que vous pourrez armer ; point de demi-mesures, elles épuiseraient vos forces en détail et rendraient ensuite vos efforts impuissans : plus vous serez formidables, moins vous perdrez de vos soldats ; moins il vous en coûtera, et plutôt vous aurez subjugué ces nou-veaux flibustiers. Armez surtout le plus de bâtimens en course pour intercepter toute communication entre eux et purger les mers de leurs corsaires, qui sont leur principale ressource.

Arrivés dans les parages de l'Amérique où vous établirez diffé-rentes stations, vous manifesterez vos intentions au gouvernement des États-Unis ; vous le ferez expliquer et vous reglerez vos dé-

De l'Amérique, les idées libérales eussent passé dans l'Inde avec la rapidité des vents. C'est dans l'Inde qu'elles auraient été accueillies avec transport, et les colonies peuplées même d'Européens se fussent affranchies. Représentons - nous tous ces événemens qui ont été sur le point de se réaliser.

Que devenaient les puissances de l'Europe? Que devenait surtout l'Angleterre en perdant la source de toutes ses prospérités ? Par quel moyen aurait-elle seulement fait face aux intérêts de la dette énorme dont elle est grévée? Serait-il resté d'autre ressource au gouvernement britannique que dans une banqueroute absolue ? Que devenaient les partisans de ce gouvernement ? Le peuple en fureur se serait

---

marches sur sa réponse. Parmi tant de mesures à prendre , ne souffrez plus qu'on équipe ostensiblement en Europe des vaisseaux pour se réunir aux révoltés et leur fournir des armes, des munitions. Surtout, qu'aucun motif d'un intérêt secondaire n'arrête votre détermination. Établissez, il est juste , des compensations ; mais ne perdez pas de vue que chaque jour de retard est une victoire gagnée par les révoltés et vous expose à plus de chances à courir, à plus de dangers.

jeté sur eux comme les vautours sur leur proie. Quelle commotion ! Quel ébranlement ! Quel carnage partout ! . . . . S'il importe à l'Angleterre de prévenir les projets désastreux que combinent les idées libérales contre elle , il n'importe pas moins à toutes les Puissances. Le gouvernement Anglais succombant , tous les gouvernemens succombent. Il n'y aura de différence que de la veille au lendemain. Les Souverains s'abuseraient étrangement s'ils se persuadent que les dangers sont passés aussitôt que les factieux de Fernambouc ont été vaincus : mais les révoltés du Mexique sont - ils vaincus ? Avec des succès , les factieux de Fernambouc eussent prêté des forces aux révoltés du Mexique ; avec des succès , les révoltés du Mexique soulèveront de nouveau les factieux dans le Brésil et leur prêteront des forces. La catastrophe qui menace tous les Souverains de l'Europe n'est peut - être retardée que de quelques momens. Si ces réflexions ne peuvent les persuader , qu'ils écoutent du moins leurs ennemis ; qu'ils méditent l'écrit du fameux évêque de Pradt , et tant d'autres tous plus virulens ; qu'ils observent mille conjonctures qui se passent autour d'eux , et qui, toutes, sont dirigées contre leur puissance ; qu'ils analysent l'esprit de certains journaux. A l'époque où ils proclamèrent la révolte de Fernambouc, leurs feuilles, en moins de trois jours, furent épuisées ; on se les arrachait ; on les a payées jusqu'à cinq francs. Depuis lors, des milliers d'Européens accoutumés au brigandage, sont passés dans les colonies espagnoles pour se réunir aux révoltés. Beaucoup se sont livrés au métier de pirates. Ils n'ont que des corsaires, et déjà ils vous forcent à des mesures pour protéger votre commerce ; bientôt ils auront des vaisseaux de ligne, et lorsque le danger fera ouvrir les yeux, qu'il fera sentir l'urgence de détruire ces Forbans, qui peut dire que ce ne soit trop tard ?

La sainte Alliance serait un pacte pitoyable si elle ne portait que sur des rapports insignifians pour les grands intérêts des Souverains ; si elle n'avait pour but de prévenir tout ce qui peut porter atteinte à leur autorité sur quelque partie du globe que ce soit. Les idées libérales qui en redoutent les effets, n'épargnent rien pour les affaiblir. Leurs ramifications s'étendent d'un pôle à l'autre, et, jusques dans les cabinets des Rois, elles ont des racines. Voilà les hommes que les Souverains doivent savoir pénétrer, et les éloigner, parce qu'ils entraveront toujours leur volonté pour le bien public, en les trompant par de faux calculs et de faux systèmes. Qui sait s'ils ne portent pas la perfidie jusqu'à leur persuader qu'ils n'obtiendront l'amour des peuples et qu'ils ne règneront avec sécurité, qu'en adoptant, pour gouverner, les principes des idées libérales. Je ne suis nullement initié dans les mystères des cabinets, mais que les Souverains proposent dans leurs conseils de venir au secours de l'Espagne pour lui soumettre ses colonies révoltées, j'admets pour certain qu'il n'y aura pas une Cour où cette proposition ne trouve d'opposans ; tel sera le signe des fauteurs du libéralisme.

Il est inconcevable que des hommes nés dans un rang élevé, ou occupant des places éminentes, ou possesseur de quelque fortune puissent avoir le moindre penchant pour les idées libérales, dont les principes ont en horreur la légitimité des trônes ; qui ne reconnaissent d'autre autorité, d'autre puissance que celle qui émane de leur volonté ; qui tendent à niveler tous les états de la société ; à n'accorder aucune considération aux hommes en place, qu'ils ne regardent que comme des

gens stipendiés ; aucun égard pour la fortune ;
quel que soit le mérite qui l'accompagne ; qui
transforment en arêne les administrations d'un
gouvernement où la corruption et l'intrigue
étalent leur audace et triomphent toujours du
mérite et de la vertu. Chez les uns c'est ambition , cupidité, immoralité finale, décors du
libéralisme ; chez les autres, aversion pour
tout ce qui est plus élevé qu'eux (2). Dans

---

(2) Les idées libérales nous verraient aussi leurs partisans , si
leurs apôtres voulaient sincèrement l'inviolabilité de la charte ,
l'inviolabilité de la légitimité ; si leur but ne tendait qu'au
bien public ; mais tout est perfidie dans leur système, tout est
hypocrisie dans leurs principes. Leur morale est d'autant plus
dangereuse, qu'ils nous la présentent sous les couleurs les plus
ravissantes, LE BONHEUR DE LA SOCIÉTÉ, lorsqu'ils s'épuisent en efforts pour bouleverser l'ordre social, pour détruire la
Charte , notre égide contre de nouvelles fureurs, et anéantir l'arbre
sacré de la légitimité. Se sont-ils élevés contre un BIGNON qui a osé
manifester : *que dès-lors que la couronne ne passait pas en ligne
directe , la nation devait nommer au trône.* Au contraire , de
par tout cette opinion a trouvé des fauteurs , même parmi les journalistes, qui ont indiqué à toute la France le bureau d'adresse où
cette monstrueuse production se prostitue. Quelle différence y a-t-
il d'attaquer la légitimité les armes à la main , ou de l'attaquer par
des écrits séditieux ? Dans le premier cas, l'autorité balancerait-
elle de sévir contre des séditieux armés ? Dans le second , doit-elle
hésiter de sévir contre un BIGNON qui provoque des séditieux à
s'élever contre la légitimité ? Si les apôtres des idées libérales ne
partageaient pas cet affreux système, n'auraient-ils pas élevé leur
voix avec toute la fureur de l'indignation, pour provoquer la juste

leur prescience ils appellent dépourvu de jugement quiconque n'adopte pas leurs opinions.
A ce prix, je préfère qn'ils me regardent ainsi
dépourvu ; mais je les avise à mon tour de
méditer sur mes réflexions, sur mes présages
et de se pénétrer que je ne fais qu'ébaucher
les événemens terribles que leurs systêmes leur
préparent, et dont aucun moyen ne saura les
garantir. A l'appui de mes présages je leur
citerai une pensée de Mercier, dans un moment
qu'il ne peut se défendre de déplorer les suites
sanglantes de la révolution ; pensée que les
apôtres des idées libérales devraient se répéter
sans cesse : *Nous, disait-il, gens d'esprit,
nous avons voulu opiner de la tête, et le peuple a opiné des bras.* Et de quel droit, en
effet, les libéraux voudraient-ils que le peuple

---

vengeance des français. Pour des écrits de bien moins d'impor-
tance, on arrête, ou poursuit les auteurs. La Charte est attaquée
dans ce quelle a de plus sacré, la légitimité, et l'auteur n'est point
arrêté, il n'est point poursuivi. On souffre même que les journaux insèrent l'opinion de Bignon dans leurs feuilles. Tout ce
qu'on a paru dire pour la combattre, n'a point convaincu ceux qui
sont imbus de ce système, et qui, aujourd'hui, s'autorisent de la
publicité qu'on y a donné pour les répandre et les faire adopter.
Je le demande, lorsque le feu couve sous des cendres brûlantes,
est-il prudent de verser dessus des matières combustibles, et peut-
on espérer ensuite d'éteindre l'incendie avec quelques gouttes d'eau,
qui ne servent qu'à donner plus d'activité aux flammes.

les respectât, lorsqu'ils ne respecteront pas ceux
qu'ils ont fait serment de respecter ? De quel
droit voudraient – ils que leurs propriétés fussent garanties , lorsque , pour envahir la pro-
priété d'autrui, ils ont fait égorger ceux qui
les possédaient ? De quel droit imposeraient-
ils des lois au peuple , lorsqu'ils seraient par-
jures aux lois qu'ils ont juré d'observer ? De
quel droit enfin méconnaîtraient-ils la souveraineté du peuple , après avoir proclamé sa
souveraineté imprescriptible ?

» N'être pas soumis , mais prétendre sou-
» mettre , n'être pas gouverné, mais prétendre
» gouverner , tels sont les principes des idées
» libérales. »

Et bien le peuple se forgera aussi ses idées
libérales. Il ne voudra pas vous être soumis,
parce que vous ne voulez pas l'être ; il ne voudra pas que vous le gouverniez , parce que
vous ne voulez pas l'être ; et il prétendra vous
soumettre et vous gouverner. La raison et le
droit seront pour lui, attendu qu'il forme dans
la société la classe la plus nombreuse et qu'il
se trouve le plus fort. Ce sytême est du moins
conséquent ; il émane de vos principes , il
prend sa source dans vos principes ; il est
justifié par vos principes. *Les peuples , di-*

*tes = vous ; ne sont pas faits pour les rois,
mais bien les rois pour les peuples.* Auriez-
vous prétendu faire des abstractions ? Auriez-
vous prétendu que les peuples fussent faits
pour le libéralisme et non le libéralisme pour
les peuples ? Toute votre marche, depuis vingt-
cinq ans, prouve que telles sont vos préten-
tions, c'est-à-dire, que vous voudriez que les
quatre-vingt-dix-neuf centièmes des français
labourassent pour vous ; marchassent aux armées pour vous ; se fissent égorger, et toujours
pour vous. Voilà ce que vous avez prétendu :
voilà où tendent vos projets, parce qu'il vous
faut des emplois et des emplois, de l'argent et
de l'argent, afin que vous viviez dans l'abon-
dance, tandis que le peuple vivra dans la
misère ; afin que vous ayez de magnifiques
palais, de superbes chevaux, de belles voitures,
une table somptueuse, des maisons de plai-
sance, un nombreux domestique, des loges
à l'opéra, des femmes entretenues ; car le ré-
sumé des idées libérales est l'égoïsme le plus
révoltant et de vivre en sardanapale. Ne vous
plaignez pas que je vous dénigre, je viens
vous opposer vos propres faits.

Lorsque votre grand protecteur, votre grand
NAPOLÉON fesait peser son sceptre de fer sur le

peuple français , qu'il l'accablait d'impôts ,
qu'il arrachait périodiquement les pères , les
époux , les enfans à leurs familles pour les
faire égorger, les idées libérales applaudis-
saient à sa tyrannie, à ses forfaits : les idées
libérales l'exaltaient comme le plus grand des
héros, le plus grand des législateurs , le meil-
leur des souverains , le père des peuples.
Pourquoi lui prodiguiez-vous tant de qualités
pour des infamies ? Tant de vertus pour des
scélératesses ? Parce qu'il vous prodiguait à son
tour ses largesses ; parce qu'il créait des places,
des emplois à votre disposition ; parce qu'il
arrachait au peuple toutes ses ressources pour
en faire votre pâture ; parce que des hommes
les plus corrompus , il en faisait ses ministres
de prédilection et les élevait au faîte des gran-
deurs (3) ; parce qu'il autorisait vos vexa-

____

(3) Parmi ces ministres, il y eut des hommes recommandables
autant par leurs vertus , que par leurs talens. Ce ne fut pas ceux-ci
que le tyran mit au rang de ses ministres de prédilection. Loin
d'envier ses faveurs, ils les auraient rejetées s'ils en eussent été les
maîtres ; mais tout était justice dans leur pensée comme dans leurs
actions ; tant il est vrai que l'homme vertueux ne s'écarte jamais
du chemin de l'honneur , quelle que soit la position où il puisse
se trouver. Leur conduite avant, comme après, ne laisserait que
des éloges à leur prodiguer , si on n'appréhendait de leur dé-
plaire en les signalant à notre admiration, à notre recounais-
sance.

tions, vos concussions; parce que, pour vos plaisirs, il accablait le peuple de maux, et que vous étiez les sbires de ses cruautés. Voilà l'heureux tems que vous regrettez; voilà l'heureux tems que vous voudriez voir revenir ; voilà comme vous désireriez que le peuple fut heureux. Vous avez, par trop de perfidie, abusé de sa crédulité ; ne complez plus sur sa modération que vous avez épuisée, redoutez le jour où sa vengeance viendrait à éclater; il ne serait aucun asile pour vous, il ne serait aucune pitié pour vous.

C'est à ces réflexions, qui ne sont point échappées aux libéraux, que nous devons l'ajournement de leurs projets. La tranquillité apparente dont nous semblons jouir, est une suite de leurs combinaisons. Ils redoutent ce peuple qu'ils ont si long-tems égaré et si cruellement trompé ; il leur importe de prévenir son ressentiment et le faire passer, s'il est possible, à d'autres révolutions sans qu'il y prenne part. Leurs moyens, les voici : ils ont calculé que par le mode des élections, ils obtiendront, par leurs intrigues, la grande majorité à la chambre des députés, soit dans une époque, soit dans l'autre. Alors ils marcheront à grands pas. Ils ne proposeront plus, ils voudront. Ils exigeront le renvoi des ministres qui ne seront pas à leur dévotion. Toutes leurs manœuvres seront d'autant plus dangereuses qu'elles seront colorées de dévouement à la légitimite, de fidélité à la Charte, et le précipice ne sera apperçu que lorsqu'on y sera tombé. N'est-ce pas ainsi qu'ils ont conduit l'infortuné Roi à l'échafaud ? Je dis plus, des ministres seront abusés, des pairs, des députés, des personnes en place, tous croiront faire le bien , et , sans s'en douter , ils perdront le trône et se perdront avec lui. Comme le tems qui dévore ses enfans, les révolutions détruisent ceux qui les créent. Mirabeau qui eut une si vaste perspicacité , prévoyait-il qu'il serait empoisonné ? Danton , Barnave , etc. etc. , qu'ils seraient égorgés ? Pétion et Condorcet , qu'ils seraient réduits à errer dans les forêts et qu'ils seraient dévorés par les bêtes féroces ? Robespierre qu'il serait déchiré par ce peuple qui la veille l'encensait encore ? Les envoyés a Rastad, que le directoire les ferait assassiner ? Le directoire lui - même, qu'il serait honni et chassé ? Pichegru, qu'il serait étranglé dans les cachots de la capitale qui retentissait du bruit de ses exploits ? Moreau, que son père périrait de la main des bourreaux lorsqu'il gagnait des batailles, et qu'il serait un jour banni de sa patrie, pour laquelle il avait si vaillamment combattu ? Murat, qu'il serait fusillé d'après ses propres lois ? Buonaparte, après avoir été la terreur de l'Univers, qu'il serait proscrit de l'Europe, relégué à Sainte Hélène, et gardé à vue comme un malfaiteur ? Ney, qu'il serait jugé à mort par ceux que sa valeur avait étonné ? Brune, qui fit plusieurs fois trembler les villes anséatiques, qu'il serait écharpé par la populace ? Toutes ces catastrophes confondent l'esprit humain, et la pensée devient un désert où les réflexions se perdent. Quel sujet de méditation pour les riches, pour les personnes en place ou comblées des faveurs du Prince ! Ils ont tout à perdre dans les troubles, parce qu'ils sont toujours le point de mire. Ceux qui ont échappés aux tempêtes de la révolution, se flatteraient-ils qu'ils auront l'adresse de se mettre toujours à l'abri de la tourmente ? Qu'ils se comparent au guerrier qui est sorti de vingt batailles sans coup férir, et qui périt dans une escarmouche.

Tant de catastrophes si terribles et mille autres non moins frappantes sont perdues et inutiles à retracer. Les fauteurs des idées libérables ne voient dans la défaite des factieux qui les ont précédés, que défaut de précaution. Dans leur aveuglement ils s'imaginent prendre des mesures plus certaines. La haine qu'ils ont jurée aux têtes couronnées est implacable, elle est éternelle. Écoutez leurs apôtres, ils vous disent : *Si ce n'est pas dans un an, dans deux, ce sera dans dix, dans un siècle que nos principes seront les régulateurs du Monde, et que la république sera universelle, parce que nos principes sont immuables.* De même que les despotes ont formé un pacte qu'ils appellent la Sainte Alliance, de même les idées libérales ont formé un pacte qu'ils nomment la Sainte Propagande. *Les despotes,* disent-ils encore, *n'ont pour eux que de vils mercenaires, de lâches esclaves, que la tyrannie achète ; nous avons pour nous l'immensité des peuples. C'est leur cause que nous défendons ; c'est leur liberté, c'est l'égalité ; ce sont les droits de l'homme ; droits sacrés, droits imprescriptibles, droits uniques que nous revendiquons au nom de toutes les nations. D'un pôle à l'autre nos émissaires sont répandus, et bientôt nos principes ne seront plus un mystère. Bientôt la tête de tous les tyrans de l'Univers payera les outrages faits*

à la souveraineté, à la majesté des peu-
ples.

Souverains ! ne soyez point sourd à ce lan-
gage ; ne perdez jamais de vue les idées libérales ; que votre vigilance ne se rallentisse
jamais. Un seul instant suffit pour que vous
tombiez sous leur coups. Si des sujets perfides
conspirent contre vous, des sujets fidèles se
voueront à votre défense. Votre fermeté les
encouragera ; mais votre faiblesse causerait
leur défection et augmenterait le nombre de
vos ennemis qui ne sont que trop audacieux.
Je ne vous provoquerai point à de mesures
arbitraires, à de persécutions, mais à de
mesures sages, à de précautions que la pru-
dence ne vous permet pas d'ajourner. Je dirai
même, que parmi ceux qui sont entraînés vers
les idées libérales, beaucoup en reviendront
en reconnaissant que leurs principes ne tendent qu'au bouleversement de l'ordre social,
qu'à compromettre leur existence et leur fortune. Si la nécessité vous impose de les ad-
mettre aux emplois les plus élevés, du moins
ne souffrez pas qu'ils accablent d'injustice vos
fidèles serviteurs ; qu'ils refusent d'entendre
leur réclamation et d'y faire droit ; qu'ils les
tourmentent dans les places qu'ils occupent

pour les leur faire abandonner ; qu'ils les des-
tituent sans motif, uniquement pour les rem-
placer par vos ennemis. C'est encore une
combinaison des idées libérales d'accabler
vos amis d'injustice et de dégoût afin de servir
d'exemple à ceux qui, désormais, songeraient
à prendre votre défense. Ces procédés ont une
grande influence sur l'opinion. Au nombre des
batteries que les ennemis des Souverains
dressent contre eux, cette manière d'agir
envers leurs fidèles serviteurs est, sans con-
tredit, la plus meurtrière.

Je l'ai déjà dit, les ennemis des Rois sont
plus forts en combinaisons. Leurs perfidies
sont inimaginables, et si la lutte devait se
décider par des intrigues, les Souverains ne
seraient que des pygmées auprès de colosses
gigantesques.

Je rends justice aux chefs ; ces procédés ne
sont pas dans dans leur pensée ; ils y obvie-
raient s'ils les connaissaient. Obligés de s'en
rapporter au travail de leurs subalternes, ils
n'ont pas l'art de deviner, et ils ne peuvent
prononcer que sur les rapports qui leur sont
présentés. Si la fatalité veut qu'une pétition
soit soumise au travail de ces subalternes qui
regrettent le régime de sang qu'ils voudraient

voir revenir , plus elle sera fondée , moins elle parviendra au ministre. Voilà ce qui donne ensuite lieu à ces nombreuses réclamations qui sont adressées à la session des Chambres, et l'on rend la Nation et l'Europe entière témoins des injustices scandaleuses qui règnent dans les administrations. Toutes ces manœuvres ne sont point perdues pour le libéralisme. Elles sont pratiquées à l'effet de compromettre l'intégrité d'un ministre et le rendre odieux. Quant à moi j'en suis certain , tout comme je suis convaincu, que le libéralisme veut éloigner de toutes les places, depuis la plus élevée jusqu'à la moindre, tout ce qu'il ne compte pas au nombre de ses complices. C'est par ce moyen que les factieux se rendront maîtres des autorités, de tous les employés, et qu'ils consommeront l'anéantissement de la famille de Bourbon.

Ces réflexions me sont inspirées par la considération que je porte aux Ministres. J'ai cru devoir les éclairer sur des circonstances qu'ils ignorent et qu'ils ne toléreraient pas. Je puis , avec confiance, me persuader que, loin d'encourir leur disgrace , il seront satisfaits de ma franchise.

Souverains! éloignez de vous la discorde. Si des discussions politiques s'élevaient , ajourñez-les. Vous n'avez pas d'ennemi plus à craindre que le libéralisme, qui ne vise à rien moins qu'à vous égorger et à égorger vos dynasties. Observez l'esprit de certains publicistes, échos de ses pensées, vous reconnaîtrez qu'ils font tous leurs efforts pour fomenter des dissentions parmi vous. Ils feront réclamer à l'Espagne des secours contre les révoltés du Mexique. Ils établiront des cessions réelles où imaginaires, et le même génie présentera ces cessions contraires aux intérêts de diverses Puissances. En d'autres lieux, ils flatteront l'ambition et lui montreront la France pour domaine, et la même voix s'élèvera pour faire armer contre cette ambition qu'ils démontreront funeste à l'équilibre de l'Europe. Ici des rapports de commerce seront présentés comme indispensables, là, comme destructifs de l'industrie nationale. Ils imagineront des échanges de nécessité pour s'opposer, les armes à la main, à ces échanges. Ils supposeront des notes remises à la Diète Germanique ; ils les commenteront pour faire adopter leurs opinions aux Puissances qu'elles voudraient mettre en rivalité, en désunion. A l'abri de la liberté de la presse ils exhaleront leur virulence contre vous, et ils crieront comme des énergumènes contre la nation qui peut impunément écrire des outrages. D'une part ils invoqueront la liberté des peuples ; de l'autre, l'autorité des Souverains. On calculerait plutôt les grains de sable de l'Océan que le nombre de leurs perfidies, qui toutes tendent à vous détruire.

Veillez rigoureusement contre les accaparemens, c'est par cette manœuvre, dont le libéralisme vous accuserait, qu'il médite de vous rendre odieux à vos peuples et vous signaler ensuite à sa vengeance. Ses projets de bouleversement et de destruction ne peuvent réussir que par la disette dont il veut affliger les nations pour les soulever.

Souverains, les dangers vous entourent de toute part. Une étincelle que les vents porteraient au hasard, embrâserait l'Europe entière. Les précautions les plus minutieuses ne sauraient vous nuire ; la moindre inattention peut vous perdre. Ne vous laissez plus abuser par le jargon du libéralisme, l'expérience de vingt-cinq ans de calamités et de malheurs vous a assez instruits pour juger ses principes, son but, par leurs déplorables effets.

Par qui Louis XVI fut-il assassiné ? Par les

hommes à idées libérales. Par qui Marie-Antoinette fut-elle assassinée ? Par les hommes à idées libérales. Par qui Madame Élisabeth fut-elle assassinée ? Par les hommes à idées libérales. Par qui ce pauvre enfant, à qui nous prodiguerions tout notre amour nous fut-il ravi ? Par les hommes à idées libérales. Par qui la désolation fut-elle répandue de Lisbonne à Moskou ? Par les hommes à idées libérales. Par qui tant de millions de français ont-ils péris ? Par les hommes à idées libérales. Par qui l'usurpateur fut-il favorisé lorsqu'il est venu mettre le comble à nos maux ? Par les hommes à idées libérales. Par qui avons-nous perdu Saint-Domingue, la plus belle des colonies ? Par les hommes à idées libérales. Par qui le Mexique est-il agité et réduit à l'état le plus déplorable ? Par les hommes à idées libérales. Par qui tant de calamités ont-elles affligé l'Europe et la menacent encore ? Par les hommes à idées libérales. Par qui, enfin, tant de Princes furent dépossédés, tant de trônes chancellans ? Par les hommes à idées libérales. Souverains, voilà les leçons que vous ont données les idées libérales ; il ne m'appartient plus de vous faire d'ultérieures réflexions.

Pour effacer la trace des forfaits dont elles

ont rempli le monde, leurs apôtres vous disent : « Nous voulions la liberté et non la
» licence : nous prêchions l'égalité en droit,
» et non la confusion de l'ordre social : les
» crimes de la révolution appartiennent à un
» peuple féroce qui a méconnu nos principes
» et s'est jeté dans les ténèbres, plutôt que de
» suivre les lumières que nous portions devant
» lui pour le conduire au bonheur. »

Ils voulaient la liberté ! et ils enlevaient pères, époux, jusqu'au dernier de nos enfans pour les faire égorger. A ce reproche ils répondent : « que c'était le tyran qui levait ce
» tribut de sang. » Mais n'étaient-ils pas ses suppôts, ses satellites ? N'adhéraient-ils pas à tous les projets que son imagination barbare lui faisoit concevoir ? Que dis-je ! ils les prévenaient. Tous les moyens coërcitifs étaient par eux provoqués pour complaire à ses volontés. « Nous étions opprimés, disent-ils
» encore, et nous fumes obligés de fléchir
» sous le joug. » Mais n'étaient-ils pas libres d'être ou de ne pas être les ministres du tyran ? N'étaient-ils pas libres d'accepter ou de refuser ses sanglantes faveurs au lieu de les rechercher ? S'ils eussent mis en pratique la théorie des vertus dont leur bouche est remplie, au-

raient-ils été les instrumens des fureurs qui, pendant vingt-cinq ans, ont désolé leur patrie infortunée ?

Lorsque Guidal et Mallet conçurent le projet d'affranchir leurs malheureux concitoyens du joug qui les opprimait, et que le tyran qui se trouvait à six cents lieues n'inspirait aucune crainte, le libéralisme ne devait-il pas se réunir à leurs efforts et prononcer *sa mise hors la loi* ? La nation entière eut applaudi à cet acte que l'humanité implorait. Qui s'opposa à cette mesure qui eut sauvé la France du déluge de maux qui est venu fondre sur elle ? L'insatiable cupidité des fauteurs du libéralisme, l'ambition qui les dévore et qui, ne voyant plus d'aliment dans un gouvernement pacifique, arma les lois contre Guidal et Mallet, et les fit périr.

A l'époque où le tyran a franchi l'intervalle qui sépare la France de l'Isle-d'Elbe, et qu'il est venu reporter la désolation au sein de notre malheureuse patrie, les libéraux se sont-ils montrés pour s'opposer à sa marche ? Que dis - je! ils se sont portés en foule à sa rencontre ; ils ont jonché ses pas de fleurs et l'ont accueilli au bruit des plus vives acclamations.

Après la défaite de Waterloo, que le tyran osa se montrer dans la capitale, les libéraux ne l'ont-ils pas encore reçu avec tendresse ? Ne l'ont-ils pas consolé de ses revers dans l'espoir de l'avenir ? N'ont-ils pas favorisé son évasion ? N'ont-ils pas eu la perfidie de lui laisser emporter le peu d'or qui nous restait ?

Comparons la France à ce qu'elle serait si le tyran ne fut pas revenu, ou s'il eut été combattu en abordant sur nos rivages. Jamais elle n'eut été si florissante malgré ses longs déchiremens, et jamais elle n'a été plus malheureuse. A qui s'en prendre si l'infortune nous accable ? Aux idées libérales qui le désiraient, qui l'attendaient pour achever de lui vendre le reste du sang des français.

Pauvre peuple ! voilà comme les hommes à idées libérales ont voulu ton bonheur ; c'est en te sacrifiant à la férocité du tyran. Voilà comme ces hommes généreux ont défendu, pendant vingt-cinq ans, la cause de ta liberté, tandis qu'aucune nation dans le monde n'a supporté un esclavage plus affreux, ni enduré autant d'outrages. Ces hommes ne te prêchèrent l'égalité que parce qu'ils voulurent s'élever, et ils ne songèrent jamais à descendre jusqu'à toi. Leur orgueil blessé de la considération

que tu accordais à la caste noble, se persuada
d'obtenir tes égards en confondant le rang
qui les obscurcissait. La cruelle expérience t'a
appris que ces mêmes hommes qui feigni-
rent de fraterniser avec toi, d'assister aux
banquets civiques avec toi, cachaient, sous
ces dehors perfides, les sinistres desseins dont
ils méditaient te rendre victime. N'est-ce pas
eux qui interdirent les assemblées populaires,
après t'avoir excité à les former ? N'est-ce pas
eux qui ordonnèrent la clôture des clubs après
t'avoir tracé le mode de les organiser? N'est-ce
pas eux qui, après t'avoir provoqué à tous les
crimes pour dépouiller impunément la veuve,
l'orphelin, les hospices, te signalèrent ensuite
sous l'odieuse dénomination de terroriste,
de buveur de sang, et te firent lapider?
Ne les as - tu pas vus s'offenser du ti-
tre de citoyen qu'ils avaient solennelle-
ment déclaré être le seul qui dût appartenir
à l'homme libre? Ne les as tu pas vus regarder
comme un affront de les tutoyer, après avoir
reconnu cette manière de s'exprimer comme
l'emblême de la parfaite égalité ?

N'as-tu pas vu ces lâches assassins, après
avoir juré une haine implacable à la royauté,
se parjurer et élever le plus insigne brigand

sûr le trône tout ensanglanté du meurtre de Louis XVI? Ne les a tu pas vu, ces bas valets, après avoir proscrit les titres, les distinctions, avides d'être nommés princes, ducs, comtes, barons, et mendier ces distinctions qu'ils avaient signalées *les livrées de l'infamie*. Ce n'est point ici des déclamations gratuites, je ne rappèle rien que les évènemens n'ayent justifiés.

J'interpelle les apôtres des idées libérales de répondre. Est-ce le peuple qui haranguait dans les tribunes des clubs ? Est-ce le peuple qui fesait à la convention ces motions incendiaires qui ont embrásé toute la France et menacé l'Europe entière ? Est-ce le peuple qui provoqua le serment de haine à la royauté et de détruire tous les Souverains de l'Univers ? Est-ce le peuple qui rendit le décret d'envahir les biens du clergé, de la noblesse et des hospices ? Est-ce le peuple qui s'est enrichi de leurs biens et qui a volé le patrimoine des pauvres ? Est-ce le peuple qui prononça que Louis XVI n'était plus Roi, qui ordonna sa captivité et le condamna à être égorgé ? Est-ce lui qui s'opposa à l'appel que cet infortuné Roi fit de son jugement à son peuple ? Est-ce lui qui vota la mort de Marie-Antoinette et de

Madame Élisabeth ? Est - ce le peuple qui voulut les cruautés commises envers le pauvre orphelin dont on venait d'assassiner les parens ? Est-ce le peuple qui établit ce tribunal de sang pour qui la fortune, les talens et la vertu étaient des crimes ; qui prononça LA GUIL- LOTINE EN PERMANENCE , dévorant chaque jour des miliers de victimes dont les bourreaux se disputaient les sanglantes dé- pouilles ? Est-ce le peuple qui ordonna les fusillades de Toulon ; les mitraillades de Lyon , l'incendie de Bédouin et de vingt départemens dans la Vendée ? Est-ce le peuple qui imagina de massacrer dans les prisons ? Est-ce le peu- ple qui conçut le mode du MAXIMUM, con- ception qui fut désastreuse pour toutes les for- tunes ? Est-ce le peuple qui rendit l'abomina- ble loi sur les suspects ? Est - ce le peuple qui s'éleva contre notre Sainte Religion et la taxa d'imposture ? Est-ce le peuple qui érigea l'abominable culte de la déesse de la raison , représentée par une vile prostituée ? Est-ce le peuple qui institua ces saturnales où l'impudi- cité et l'ivrognerie étalaient tous leurs débor- demens ? Est - ce le peuple qui fabriqua les bâteaux à soupapes ; qui inventa les noyades de Nantes ; qui créa les mariages républicains

dont le souvenir sera affreux à tous les siècles?
Est-ce, enfin, le peuple qui fit commettre des
millions de forfaits plus horribles les uns que
les autres? En un mot, est-ce encore le peuple
que l'on a vu accaparer les blés pour se faire
périr lui-même de faim? Tous ces maux épou-
vantables ne sont-ils pas sortis de ces antres
affreux où le libéralisme ne cesse de conjurer
contre la sûreté des Rois et le bonheur de la
société?

Pauvre peuple! les méchans se sont bien
cruellement joués de toi. Que tes malheurs
servent du moins à t'instruire pour l'avenir.
Songe que tu ne peux trouver de bonheur que
dans la tranquillité ; songe qu'il dépend abso-
lument de toi de la conserver, et tu ne la con-
servera qu'en gardant ton amour à ton Roi.
N'oublie jamais sa sollicitude dans les momens
de la détresse que tu as éprouvée. Pour te
secourir, il a retranché de l'éclat qu'il doit
pourtant à sa couronne. N'oublie jamais que
tes Princes ont imité ton bon Roi et que chaque
jour tu reçois de nouveaux bienfaits de leur
munificence. As-tu vu si ces brigands qui ont
fait des fortunes scandaleuses au prix de ton
sang, les as-tu vu compâtir à ta misère et te
donner le moindre secours ? Que dis-je !. s'ils

avaient pu te disputer les mauvaises racines
arrosées de tes larmes et de tes sueurs dont
tu t'es vu réduit à te nourrir, ils te les auraient
encore arrachées.

Pauvre peuple ! je mets en ta présence tes
bourreaux et tes bienfaiteurs ; à qui accor-
deras-tu, désormais, ta confiance et ton amour?

. . . .

. . . .

Que les fauteurs des idées libérales n'espèrent plus entraîner le peuple dans leurs projets
de bouleversement. Quelques précautions qu'ils
prennent pour déguiser leurs perfides desseins,
le peuple n'en est pas la dupe. Ils sont signalés
dans son esprit comme les fléaux de la société,
et tel, parmi eux, se croit ignoré, que tous
les regards sont fixés sur lui.

Qu'ils n'espèrent pas davantage de trouver
l'armée disposée à les seconder dans leurs
tentatives d'insurrection. Si le soldat fut égaré,
c'est parce que des chefs corrompus trompè-
rent sa crédulité. Le soldat, comme les chefs
d'aujourd'hui, sont également jaloux de prou-
ver au Roi qu'ils sont dignes de sa confiance
et de son amour. En définitif qu'a gagné le
soldat d'avoir prêté l'oreille aux perfides dis-

cours des ennemis du trône ? Sur un qui est parvenu, des milliers d'hommes ont péri. Pour qui tant de sang a-t-il été versé ? Pour enrichir un ramassis de brigands qui ne virent la patrie que dans la faculté qu'ils ont eu de voler impunément la fortune publique. Qu'est devenu ce milliard promis aux troupes aux premiers jours de notre affreuse révolution ? N'est-ce pas la famille du tyran, les Camba-cérés, les Regnault, les Merlin, etc. etc. qui se le sont divisé ? Qu'en est-il resté aux troupes ? Des bras, des jambes de moins et d'être toujours soldat. L'armée est révoltée d'avoir servi pendant vingt-cinq ans de marche-pied à ce que la France a eu de plus vil et de plus impur : et si le militaire français ne respectait pas la volonté de son Roi, s'il n'avait pas en partage les sentimens d'honneur qui l'animent, il y a long-tems qu'il eut fait main basse sur ces fortunes scandaleuses faites au prix de son sang. Cet événement sera inévitable si de nouveaux troubles viennent encore nous agiter. Le peuple, comme l'armée, sont indignés du rôle qu'on leur a fait jouer, ils ont raison de nourrir leur ressentissement et de ne respirer qu'après le moment où ils fairont justice de leurs bourreaux. Vit-on jamais une nation

avoir été , comme le peuple français, si cruellement le jouet d'une poignée de brigands qui
régorgent d'or et de richesses qu'ils ont volés,
tandis que ce pauvre peuple est accablé par la
plus profonde misère ?

L'officier , que les événemens ont instruit ,
reconnaît aujourd'hui les conséquences de
manquer à ses sermens. Les troupes n'auraient
plus ni considération ni respect pour lui, et ne
voudraient plus qu'il les commandât. Il serait
mis de côté par la volonté du soldat qui ne
souffrirait plus d'autre organisation que celle
qu'il se donnerait lui-même. En vain oppose-
rait-on à ses volontes des questions préala-
bles, il répondrait à coup de fusil.

Et ne devez vous pas vous attendre à cette
catastrophe lorsque vous vous fairez un jeu
de vos sermens ? Lorsque vous empiéterez
sans cesse sur l'autorité royale pour la détruire?

Voulez-vous que le soldat soit fidèle à ses
devoirs ? Que chacun soit fidèle aux siens.
Gardons intacte cette Charte, notre égide.
Identifions - nous avec la légitimité , parce
qu'elle est la garantie de nos intérêts les plus
chers. Accordons plutôt à l'autorité royale que
d'envahir ses prérogatives. Le prestige du
système républicain qui fascine encore votre

imagination, ne fait plus d'illusion au soldat. D'abord il abhorre d'obéir à une autorité qui n'est point militaire ; son amour-propre et sa gloire en sont humiliés. Ensuite il vous dit :

« Mais pour qui ai-je versé mon sang ?
» Pour qui suis-je mutilé ? Pour des sangsues,
» pour des brigands qui n'ont jamais couru
» aucun hasard et qui s'approprièrent, en di-
» lapidant la fortune publique, des revenus
» immenses, tandis que le maximum de ma
» solde ne fut jamais que dix sols par jour ;
» tandis que le minimum d'un commis de
» bureau est de douze cents francs » Arrê-
tons-là mes réflexions, ces comparaisons
meneraient trop loin.

D'autres événemens auraient lieu, si des troubles venaient nous agiter : Qui vous dit que les anciens chefs ne fussent l'objet du du réssentissement du soldat ? Qui vous dit qu'il ne leur demanderait pas compte des moyens qu'ils ont employés pour avoir accu-mulé les richesses qu'ils possèdent ? Quelle latitude à l'arbitraire ! qui peut prévoir quelles en seraient les suites ! qu'on ne regarde pas mes opinions exagérées, les événemens que je présage, n'ont-ils pas eu lieu, et avec plus d'obstacle à vaincre. Par quelle circonstance tous ces événemens arriveront-ils ? Lorsque vous serez parjure à votre Roi. Le soldat se croira moins lié envers vous , que vous ne l'aurez été envers la famille de Bourbon. Il se croira aussi et plus autorisé de s'approprier vos biens , que vous d'envahir son appanage. Je m'arrête encore , mais j'en dis assez pour inspirer les plus sérieuses réflexions.

En terminant, je vous invite, Français, à méditer mes pensées. Ne perdez pas de vue que l'intérêt de tous les Souverains leur commande de nous observer, et qu'ils se règleront sur nos actions. Si les intrigues du libéralisme, qui ne tendent qu'à les égorger , ont des ramifications à l'infini , la surveillance des Souverains a des racines encore plus profondes. Songez que leurs armées sont à nos portes.

Souverains , la cause des Bourbons est la cause de tous les Potentats de l'Univers. L'assassinat de Louis XVI fut en même - tems l'arrêt de votre destruction. Vous n'y avez échappé que par un prodige , par l'imprudence du dévastateur du genre humain, d'être resté trop long-tems à Moskou ; événement qu'il ne vous était pas donné de prévoir. Ne commettez plus à des chances incertaines le salut de vos états ; prévenez les complots des

idées libérales dont le repaire est en France.
Rien de ce qui s'y passe ne doit vous être in-
différent, et je dois me borner à cette seule
réflexion. Fasse le ciel que votre assistance ne
nous soit plus necessaire. Nous nous fesons une
gloire que vous devez, en partie, le succès de
vos armes, aux fidèles soutiens du trône,
soit en refusant de marcher sous les drapeaux
de l'usurpateur, soit en s'armant contre lui,
soit en portant le découragement dans ses
troupes et les provoquant à la désertion, soit
en refusant ou faisant languir le recouvre-
ment des impôts. Par tous ces moyens, nous
avons retardé sa marche ; nous l'avons privé
de six cent mille hommes ; et s'il les avait eu
de plus ; s'il vous eut attaqué deux mois plutôt
que vous n'étiez point préparés, qui peut dire
ce que l'Europe serait devenue ? Qui peut dire
qu'elle ne doit pas son salut à tous ces moyens
que nous avons si efficacement employés ?

Voilà quelle a été la conduite franche et
loyale des fidèles serviteurs de LOUIS XVIII,
voilà ce qu'elle sera toujours,

A' Marseille, de l'Imprimerie de DUBIE,
Rue de la Loge, N.os 15, près l'Hôtel-de-Ville.

www.ingramcontent.com/pod-product-compliance
Lightning Source LLC
Chambersburg PA
CBHW051738050726
47598CB00003B/1250